INHALT

GEMEINSAM LESEN MIT BIENE UND FREUNDEN

Zum Vorlesen oder gemeinsamen Lesen, zum Beispiel kann das Kind die Wörter BIENE, FROSCH und HASE suchen

Heute ist wieder etwas los bei
unseren drei Freunden auf der Wiese.
BIENE, FROSCH und HASE
streiten sich.
Das kommt schon mal vor.
Bestimmt kennst du das auch?
Hauptsache ist aber,
man verträgt sich immer wieder.

Aber wir wollen einmal zuhören,
um was es geht.
Worüber streiten sich die drei Freunde?
Komm, wir schleichen uns leise an.

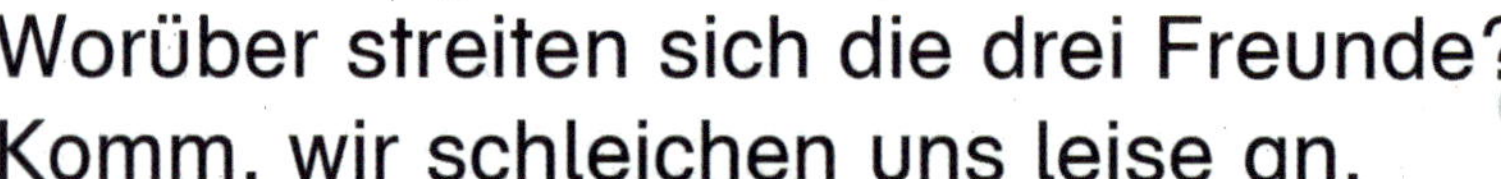

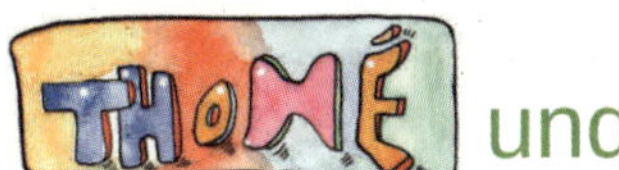

THOMÉ und THOMÉ

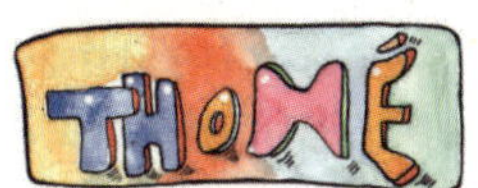

GEMEINSAM LESEN

ab 5

MIT BIENE UND FREUNDEN

Leseheft 2

Basiskonzept Lesen-phonix

2., völlig überarbeitete Auflage

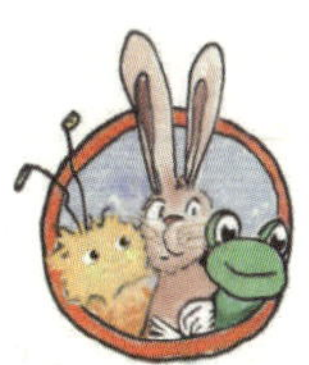

isb Institut für sprachliche Bildung – Verlag

Bibliografische Information der Deutschen Nationalbibliothek
Die Deutsche Nationalbibliothek verzeichnet die Publikation in der Deutschen Nationalbibliografie; detaillierte bibliografische Daten sind im Internet über dnb.de abrufbar.

MEIN NAME:

2., völlig überarbeitete Auflage 2024

Vorgänger-ISBN 978-3-94212213-9
Illustrationen und Gestaltung: D. Orie
komplette Ökoproduktion: Bio-Farben, zertifiziertes Recyclingpapier, klimaneutral gedruckt und versandt, dieUmweltdruckerei, Hannover
www.isb-oldenburg.de
ISBN 978-3-942122-49-8

natureOffice
natureOffice.com/DE-275-NMBHT3V
Rohstoffe
Anlieferung
Produktion
g CO_2e pro Druckprodukt
157,33
CO_2e-Emissionen ausgeglichen

„Ihr meint also, dass
das Ffff* nicht der beste Buchstabe
von allen ist?", fragt FROSCH.

Er macht dicke Backen
und hüpft in die Luft.
BIENE und HASE bekommen
ein paar Wassertropfen ab.

BIENE schüttelt sich und sagt:
„Nö, das Ffff ist überhaupt nicht
der tollste Buchstabe!
Warum soll er denn so wichtig sein?
Nur weil dein Name mit Ffff anfängt?"

„Klippi-klappi-klar!", ruft FROSCH und
fängt gleich an zu reimen:

„Das Ffff ist fein, das Ffff ist frech,
die andern Buchstaben sind nur Blech!"

* Bitte nicht den Buchstabennamen sprechen, also nicht Ef sagen, sondern nur den Laut ffff. Das gilt für alle Buchstaben.

Der HASE
lehnt sich an
einen alten Zaun,
knabbert in aller Ruhe
ein saftiges Blättchen
und sagt nur: „Pah!"

Jetzt wird FROSCH richtig wütend.
Er hüpft hin und her und schimpft:

„Alle wichtigen Tiere und Sachen
fangen mit Ffff an. Das ist doch klar!
Wörter wie:
FLIEGEN,
FLUSS, aber auch FRECH oder
FÜNF und meine
FREUNDIN FRIEDA.

Also stimmt es, was ich gereimt habe:

Das Ffff ist fein, das Ffff ist frech,
die andern Buchstaben
sind nur Blech."

„Das ist doch alles
ganz großer Quatsch!",
sagt BIENE.

Sie fliegt ein paar Meter hoch in die Luft
und brummt:

„Schaut euch doch einmal genau um.
Das B ist der beste Buchstabe.
B wie BAUM oder
B wie BLUME oder BLÜTE.
Also ist das B
der wichtigste und schönste Buchstabe!
B wie BIENE!"

BIENE überlegt kurz und meint dann:
„Ich kann auch reimen. Passt auf.

BIENEN wissen es genau.
Nur wer das B kennt,
der ist schlau!"

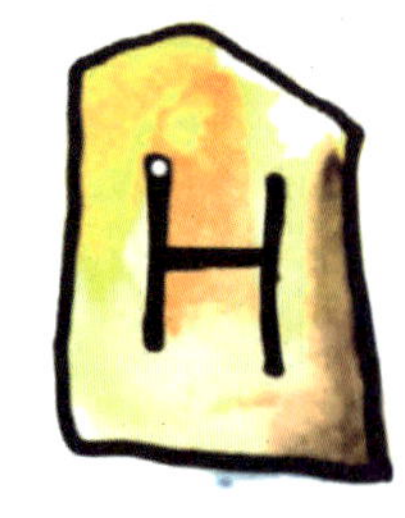

Jetzt kann der HASE
nicht mehr schweigen.
Er meint ganz lässig:

„Hört lieber mal zu,
was es alles mit H gibt:
HOSE und HAFER,
HEU und HAUS,
HERZ und HEUTE.
Jedes wichtige Wort hat
ein H am Anfang.
HASE natürlich auch.

Jetzt fällt mir ein Gedicht ein.
Das H, das ist doch haferklar,
das H ist einfach wunderbar!"

BIENE, FROSCH und HASE
sehen sich böse an.
Bitterböse.

Plötzlich hören die drei Freunde
ein komisches Gemurmel aus dem Gras.

„Leise! Psssst! Da ist jemand!",
flüstert HASE.

BIENE fliegt schnell näher zu der Stelle,
wo die Stimme herkommt.

FROSCH und HASE folgen ihr.
Jetzt können sie deutlich
eine Stimme hören.

„Das ist ja albern. So ein Unsinn!
Die Quatschköpfe!
Die haben ja keine Ahnung und
schreien hier so laut herum.
Was denken die sich überhaupt?
Was soll man denn
mit einem einzigen Buchstaben anfangen?"

„Wer quasselt denn da?", quakt
der freche FROSCH.

Der HASE stellt seine Ohren auf,
um besser hören zu können.

BIENE fliegt wieder hoch in die Luft,
um besser sehen zu können.

„Ich", ruft es
unter einem Haufen Blätter hervor.
Dann kriecht
eine kleine Schildkröte heraus.
Auf ihrem Rücken trägt sie einen Panzer
mit vielen Schildern darauf.

„Gerade wollte ich
ein paar neue Schilder sortieren.
Ich bin Schildo, die Schildkröte
und mag so gerne Schilder.
Ihr seid aber schrecklich laut und
redet nur Unsinn.
Das geht ja auf kein Schild!"

„Wieso reden wir denn Quatsch?",
fragt der FROSCH.

„Na, das ist doch klar!", meint Schildo.
„Es kommt doch nicht nur auf den ersten Buchstaben an, sondern auf alle! Man muss sie wie Schilder immer hintereinander setzen! Ich kann deshalb schon viele Wörter lesen. Soll ich euch mal meine Schilder ausleihen? Aber verliert bloß keins. Ich brauche sie alle wieder. Bis morgen."

„Das ist ja toll", ruft der HASE. „Dann bis morgen und vielen Dank!!

Schon ist der Streit vergessen. Die drei Freunde schnappen sich sofort die Schilder. Zuerst legen sie ihre Namen: BIENE, HASE und FROSCH.

Aber schau nun selbst, was sie mit den Schildern machen. Du kannst ja mal mitlesen.

FÜR KINDER

WÖRTER, REIME UND GEDICHTE

DIE BIENE

DER HASE

DER FROSCH

Bis Seite 24 werden nun alle Vokale (Selbstlaute) auf den Kärtchen markiert: Langvokale mit einem Unterstrich und Kurzvokale mit einem Ball oder Punkt.

BIENE WIESE NASE BLUME

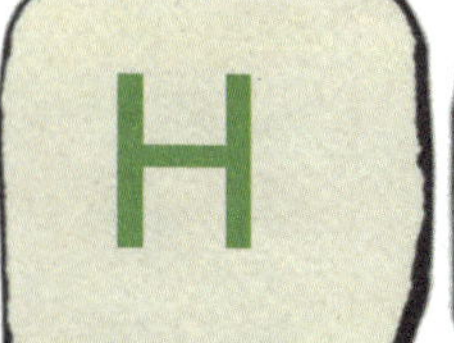

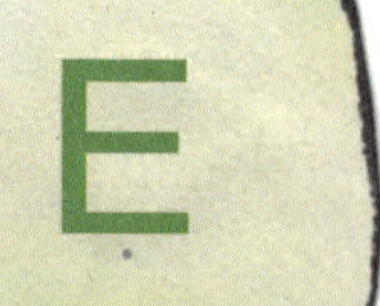

HASE AMEISE SEIL BLUME

FROSCH ROT  TOPF  SCHAF

WAS HÖRST DU HIER?

H  S E

F R ___ SCH

B ___ N E

IST DAS RICHTIG?	JA	NEIN
DAS IST EIN HASE	☐	☐
DAS IST EINE HOSE.	☐	☐
DAS IST EINE ROSE.	☐	☐

SORTIERE DIE KARTEN
FÜR SCHILDO

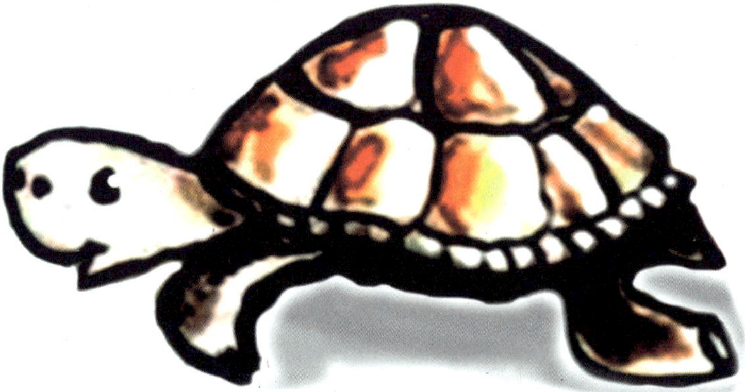

SCH I L D O

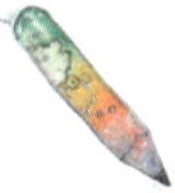

I SCH L

D O

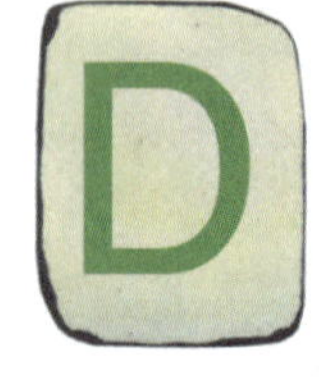

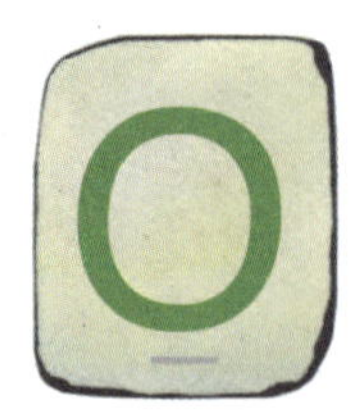

N NASE

NEUN 9

-E BLUME

DOSE

ROSE

HOS?

R ROT

RAKETE

T

TISCH
TUCH

D

DACH
DREI

I

INSEL
PINSEL

A

ACHT
APFEL

L LAMPE

S SEIL

EIS

AST

CH MILCH

BUCH

M MAUS

MÖWE

G

DAS GLAS

GR?S

MALE: DIE BIENE

MALE:
DEN FROSCH

H DER HASE

DAS HAUS

Z DER

II

AU DAS

DAS

MALE: ZWEI AUTOS

U DAS

BUCH

DER

H ? T

WELCHE WÖRTER
HABEN EIN SCH?
KREUZE 6 BILDER AN.

FINDEST DU NOCH
WEITERE WÖRTER MIT SCH?

DER RING

der Ring

DAS IST

EIN RING. 

DAS IST AUCH

EIN RING.

DIE

die

grün

MALE:

EIN GRÜNES BUCH ZWEI ROTE HÜTE

DER 

der

DIE BÜSCHE

die Büsche

J

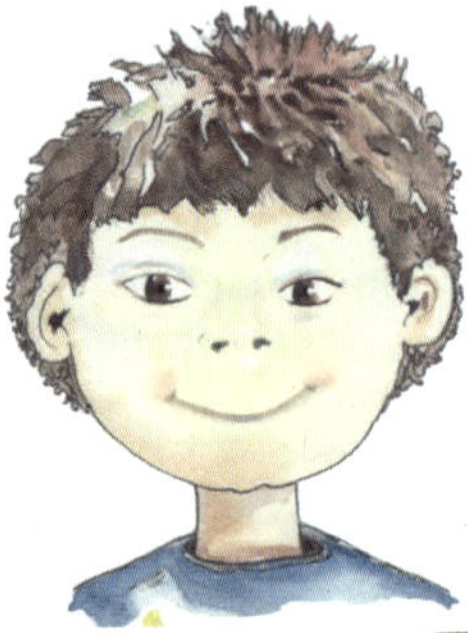

DER JUNGE

der Junge

DER JÄGER 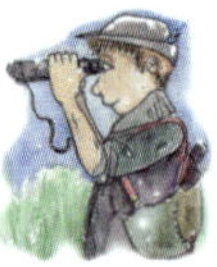

Ö

DER LÖWE

der Löwe

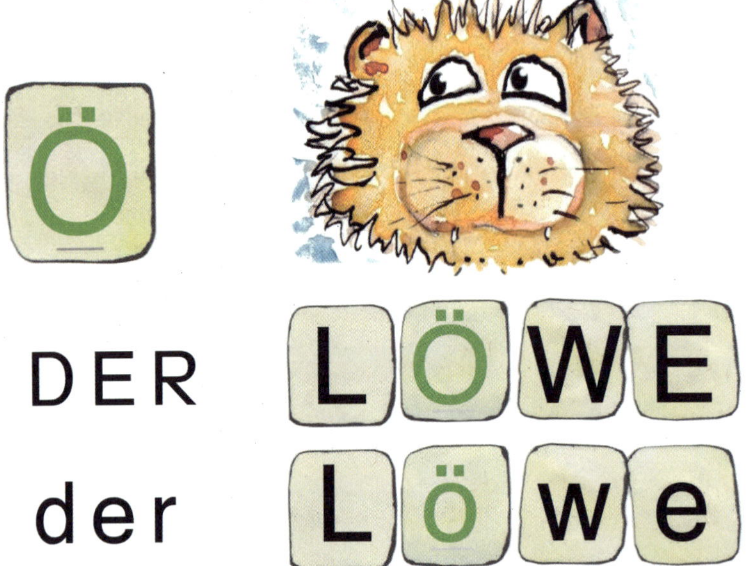

DIE

die

DAS IST KEINE EULE. 

AUS 1 MACH 2:

EINE ZWEI 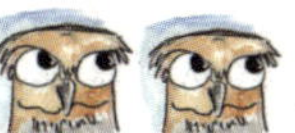 EULE 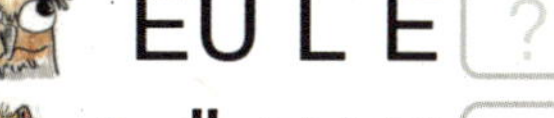 ?

EIN ZWEI   LÖWE ?

DER KÄSE

der Käse

DER BÄR

der Bär

DER KÄFER

der Käfer

DIE

die

ZWÖLF

FRÖSCHE

DIE

die
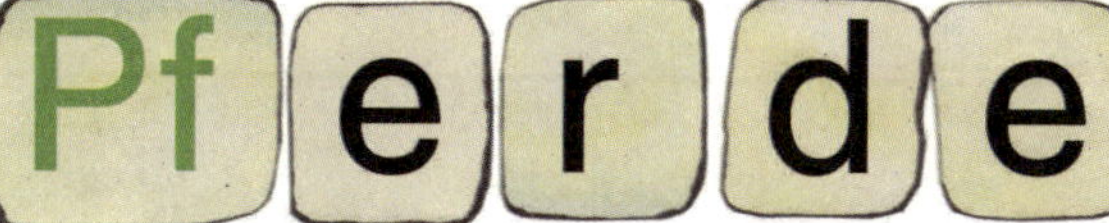

DER APFEL

IST DAS RICHTIG?	JA	NEIN
DAS IST EIN APFEL.	☐	☐
DAS IST EIN KÄSE.	☐	☐
DAS IST EIN HASE.	☐	☐
DAS IST EINE NASE.	☐	☐

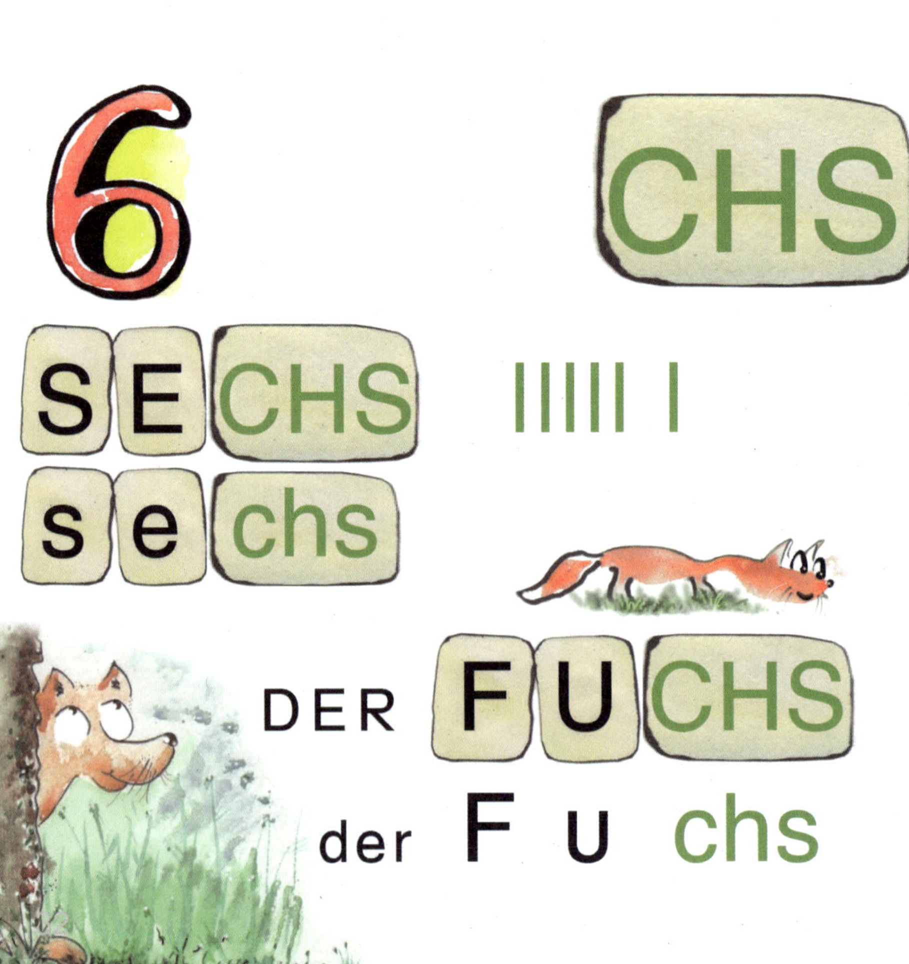

HILF BIENE, HASE, FROSCH.

WAS GEHÖRT ZU WEM?
EINES DER BILDER
IST FALSCH.

NG DER RING

Ü DIE HÜTE

P DER PILZ

Ü IIIII FÜNF

J DER JUNGE

Ö DER LÖWE

HILF BIENE, HASE, FROSCH.

WAS GEHÖRT ZU WEM?
DREI DER BILDER
SIND HIER FALSCH.

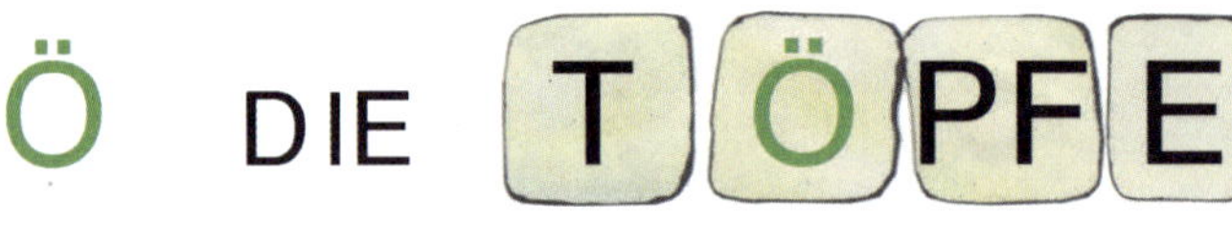

GUT GEMACHT!

DER FROSCH UND
DER HASE LAUFEN
ZUM HAUS. DORT
SCHAUT DIE BIENE
ZUM FENSTER HERAUS.

Der Frosch und
der Hase laufen
zum Haus. Dort
schaut die Biene
zum Fenster heraus.

WAS IST AM EINFACHSTEN ZU LESEN?
KREUZE AN.

Zum Basiskonzept Lesen – phonix

Wir freuen uns sehr, dass schon viele Kinder mit diesem und dem Heft 1 „Lesen mit Biene, Frosch und Hase“ das Lesen gelernt haben!

Für Kinder, bei denen das Lesenlernen etwas mehr Zeit benötigt (vielleicht wegen einer Lesestörung oder Leseschwäche, Deutsch als Zweitsprache oder anderen Schwierigkeiten), besteht mit dem **Basiskonzept Lesen – phonix** die Möglichkeit, durch viele selbstständige Lesephasen das Lerntempo selbst zu bestimmen.

Die **häufigen Basisschreibungen** und die seltenen Nebenschreibungen

Es entbehrt jeglicher pädagogischer und linguistischer Fundierung, sprachliche und schriftliche Ausnahmen vor grundlegenden Einheiten zu vermitteln. Unter dem bewährten Leitgedanken "**Häufiges zuerst, Seltenes später**" werden nach dem Basiskonzept - phonix wichtige vor seltenen Schreibungen eingeführt.

Im Deutschen sind über 90 Prozent aller Schreibzeichen **Basisschreibungen** (wie **l**, **n**, **e**, **t**, **s** oder **k**). Das heißt, in über 90 Prozent wird ein und derselbe Laut immer mit derselben Basisschreibung geschrieben. Das Verhältnis zwischen einer Lauteinheit und einer Schreibeinheit (die maximal aus drei Buchstaben bestehen kann wie <sch>) ist also ziemlich systematisch geregelt und sollte auch so übersichtlich vermittelt werden: Keine Ausnahmen vor den häufigen Basisschreibungen! Die Beziehungen zwischen den Laut- und Schreibeinheiten im Deutschen wurde von uns auf der Grundlage umfangreicher Auszählungen ermittelt.

Die seltenen **Nebenschreibungen** (wie ll, nn, eh, tt, ck, aber auch c, q, v, x, y) umfassen dagegen nur rund 10 Prozent aller Schreibungen in deutschsprachigen Texten. Sie sollten immer erst **nach** den Basisschreibungen eingeführt werden (weitere Informationen siehe www.isb-oldenburg.de).

Das Lesenlernen fällt nicht allen Kindern leicht. Verhängnisvoll ist, dass oft die einfachen Erklärungen teilweise richtig, dann aber auch teilweise falsch sind. Wenn man sagt, der Buchstabe M steht für den Laut /m/, kann das mit Wörtern wie *Maus* oder *Mama* bewiesen werden. Das geht bei vielen Konsonanten und Langvokalen, aber bei den **Kurzvokalen** funktioniert es leider nicht. Sonst wären die Wörter

Ofen und *offen*
Miete und *Mitte*
Hüte und *Hütte*

lautlich gleich. Die Andersschreibung der Wörter erklärt sich aus den unterschiedlichen Vokallängen. Diese unterschiedliche Vokallautung kann man aber nicht über die fünf **Buchstabennamen** A, E, I, O, U erschließen. Wenn man nur die Namen der Buchstaben ausspricht, kann man die Wörter *Ofen* und *offen* nicht unterscheiden.

Im Basiskonzept - phonix wird dieser wichtige Aspekt systematisch für die **Vokale** beachtet. Nicht jeder Buchstabe O oder E ist nämlich ein Langvokal und mit langem /o:/ oder /e:/ auszusprechen. Im Wort *Sonne* ist weder ein langes Oooo noch ein langes Eeeee enthalten, sonst würde es *Soooneee* heißen. Wenn wir statt der fünf Buchstabennamen Aaaa, Eeee, Iiii, Oooo, Uuuu richtig in Lang- und Kurzvokale differenzieren und die korrekten Lautwerte der Vokale, die sie im jeweiligen Wort haben, beachten und vorsprechen, dann erleichtern wir den Schriftspracherwerb ganz entscheidend. Die Kinder bekommen von uns richtige Einheiten vermittelt und müssen nicht immer wieder umlernen und „verschleifen", was sie an falschen Einheiten gelernt haben!

Diese grundlegende und entscheidende Verbesserung ist speziell für Kinder, die sich – aus welchen Gründen auch immer – mit der Schrift schwertun, von großem Nutzen. Daher der besondere Hinweis: Achten Sie unbedingt darauf, dass Sie die Vokale möglichst korrekt aussprechen, besonders die Kurzvokale. Das gilt beispielsweise, wenn Sie dem Kind sagen:

„Da ist ein a im Wort *Katze* und

da ist ein o im Wort *Frosch.*“

Den häufigsten Vokal kennt übrigens fast niemand. Oder hätten Sie gewusst, dass es das **Murmel-e** oder Schwa (in der Lautschrift /ə/) ist? Es ist der Laut in fast jedem dritten oder vierten Wort, wie in *Blume* oder *Junge* oder auch in *be-* und *ge-* wie in *bekommen* oder *gegangen*. Dieser Laut wird nicht Eeee ausgesprochen, sondern eher wie der unbestimmte Artikel *a* im Englischen: ***a** frog*.

Warum das so wichtig ist? Jedes E, das am Wortende als langes Eeee (/eː/) ausgesprochen wird, wird immer mit einer Nebenschreibung verschriftet, wie *Reh* oder *See.* Das heißt andererseits, wenn ein -e am Wortende alleine steht oder in den Präfixen *ge*- und *be*-, dann ist es immer ein Schwa.

Neben dem Schwa ist der lange *i*-Laut, der in der Regel als *ie* geschrieben wird, zu beachten. Das *ie* besteht zwar aus zwei Buchstaben, stellt aber im eigentlichen Sinne keine Längenmarkierung dar und steht als Einheit für das lange /iː/. Das lange /iː/ (*die, sie, wie, hier, wieder)* wird zu über 70 Prozent mit *ie* geschrieben. Als nächsthäufige Schreibung folgt (mit rund 18 %) das *ih* wie in *ihm, ihr, ihn.* Erst danach (etwa 9 %) kommt das *i* wie in *Igel.* Ärgerlicherweise wird aber genau diese Nebenschreibung im Kindergarten und in der Vorschule für den langen *i*-Laut mit Wörtern wie *Igel, Tiger, Biber* und vielen Eigennamen wie *Lisa, Ali, Nina* den Kindern beigebracht. Wir nennen diesen groben didaktischen Fehler, auf den Schreibungen wie *„libe Oma*“ folgen, das Igel-Syndrom.

Manchmal wird dieses Bild gezeigt: ● ein **Ball bei Kurzvokalen** (kurzen Selbstlauten). Der Ball oder ein **kleiner Punkt** zeigen an, dass es sich hier um einen Kurzvokal handelt: der FROSCH, der TISCH oder der APFEL und die MUSCHEL.

Zum zweiten Leseheft

Der Anteil von über 90 Prozent Basisschreibungen wurde in diesem Lernheft auf 100 Prozent erhöht. Es sind also keine Nebenschreibungen enthalten. Alle Einheiten, Wörter (nach dem Vorlesetext) enthalten nur Basisschreibungen. Damit sind die wichtigsten Einheiten richtig, einfach und ohne Umlernen- und Verschleifenmüssen erlernbar.

Zusammen mit der großen und serifenlosen Fibelschrift, den deutlichen Abständen zwischen den Schreibeinheiten und der Unterstützung durch die vielen Bilder und Kärtchen ist dieses Material optimal auf die Bedürfnisse von Leseanfängern abgestimmt.

Großbuchstaben sind von ihrer Form her leichter als Kleinbuchstaben zu unterscheiden. Daher werden zu Beginn des Leseteils ausschließlich **Großbuchstaben** verwendet. Da die Kinder natürlich auch die Kleinbuchstaben lernen sollen, wird im weiteren Verlauf das Wortmaterial öfter in Groß- und auch in Kleinbuchstaben dargestellt. Die Lernanfänger können in Ruhe die passenden Groß- und Kleinbuchstaben vergleichen und zuordnen. Gleichzeitig bieten wir hiermit eine Binnendifferenzierung für unterschiedlich weit fortgeschrittene Lernentwicklungen.

Immer wieder werden im Heft kleine Aufgaben gestellt. Außerdem werden die Schriftgröße und die Abstände zwischen den Einheiten und Wörtern ganz allmählich verringert.

Wir möchten uns herzlich bei unseren eigenen Kindern und allen Kindern, mit denen wir lernen durften, für die vielen Anregungen und tollen Ideen bedanken.

Dorothea und Günther Thomé,
im Oktober 2024

BASISKONZEPT

Die Rangfolge aller Basisschreibungen

In dieser Tabelle werden zuerst die 19 Vokale, dann die 22 Konsonanten, alle nach der Häufigkeit sortiert, dargestellt. In diesem Heft wird von der Rangfolge nur beim langen und kurzen ü abgewichen. Wir haben das p noch dazwischen gesetzt, damit die beiden ähnlichen Vokale etwas getrennt sind. In Schrägstrichen / / stehen immer die Lautzeichen. Die Langvokale in den oberen Reihen sind unterstrichen: a, e, auch ei, au und eu.

-e /ə/ BLUM**E**	i /ɪ/ **I**NSEL	a /ɑ/ **A**CHT	ei /ɑɪ/ **EI**	e /eː/ F**E**DER	a /aː/ **A**MEISE
e /ɛ/ **E**LF	ie /iː/ W**IE**SE	u /ʊ/ M**U**SCHEL	o /ɔ/ T**O**PF	au /ɑʊ/ **AU**TO	u /uː/ B**U**CH
o /oː/ H**O**SE	ü /yː/ * H**Ü**TE	ü /ʏ/ F**Ü**NF	ö /øː/ * L**Ö**WE	eu /ɔʏ/ * **EU**LE	ä /ɛː/ * K**Ä**SE
ö /œ/ * T**Ö**PFE					
n /n/ **N**ASE	r /r/ **R**OT	t /t/ **T**ISCH	d /d/ **D**ACH	l /l/ **L**AMPE	-s /s/ EI**S**
ch /x/ MIL**CH**/BU**CH**	s- /z/ **S**EIL	m /m/ **M**AUS	w /v/ **W**OLF	g /g/ **G**LAS	b /b/ **B**IENE
f /f/ **F**ROSCH	h /h/ **H**ASE	k /k/ **K**UCHEN	z /ts/ **Z**AUN	sch /ʃ/ **SCH**AF	ng /ŋ/ * RI**NG**
p /p/ * **P**ILZ	j /j/ * **J**UNGE	pf /pf/ * **PF**ERDE	chs /ks/ * SE**CHS**	© Thomé und Thomé	

* Mit einem Sternchen* sind in der Tabelle alle Basisschreibungen markiert, die in diesem zweiten Heft neu eingeführt werden. Damit sind in den Leseheften 1 und 2 **alle Basisschreibungen** im Deutschen enthalten. Diese fünf seltenen Buchstaben folgen erst später: C, Q, V, X und Y.

Zu ch: Die Endlaute von Mil*ch* und Bu*ch* sind keine unterschiedlichen Sprachlaute (Phoneme).